Dieses Buch ist erhältlich als:
ISBN 978-3-407-75816-3 Print

© 2020 Beltz & Gelberg
Beltz Verlagsgruppe GmbH & Co.KG
Werderstraße 10, 69469 Weinheim
service@beltz.de
Alle Rechte vorbehalten
Die Beltz Verlagsgruppe behält sich die Nutzung ihrer Inhalte für Text und
Data Mining im Sinne von §44b UrhG ausdrücklich vor.
Text und Illustration: Julia Dürr
Julia Dürr wird vertreten durch Agentur Brauer
Lektorat: Katrin Hartmann
Umschlaggestaltung: Julia Dürr
Herstellung: Elisabeth Werner
Druck und Bindung: Beltz Grafische Betriebe, Bad Langensalza
Beltz Grafische Betriebe ist ein Unternehmen mit finanziellem Klimabeitrag (ID 15985-2104-1001).
Printed in Germany
10 11 12 13   28 27 26 25

Weitere Informationen zu unseren Autor:innen und Titeln finden Sie unter: www.beltz.de

Julia Dürr

WO KOMMT UNSER ESSEN HER?

BELTZ
& Gelberg

hmjam.

Milch

Brot

Fisch

Fleisch

Äpfel

Eier

Tomaten

WAS AUF DEN TISCH KOMMT...

Egal, ob wir viel,

... wenig,

... Fleisch,

... Gemüse

... oder Eis essen:

Unser Essen kaufen wir  im Supermarkt,  im Laden, ...

 auf dem Wochenmarkt, ...  oder im Hofladen.

Aber wo war es vorher?

Unser Essen wird gezüchtet, gesät, geerntet, gefüttert, gemolken, gefangen, gelegt, gebacken, geschlachtet, sortiert und verpackt.

Das passiert in Betrieben.

Es gibt kleine und große Betriebe. Und auch ganz viel dazwischen.

Als noch nicht so viele Menschen lebten und nur wenige Maschinen entwickelt waren, gab es fast nur kleine Betriebe. Inzwischen hat sich einiges geändert: Es leben viel mehr Menschen. Computer und

Maschinen haben viele Arbeiten übernommen. Außerdem können LKW und Flugzeuge das Essen über weite Strecken gekühlt transportieren.

Darum gibt es heute neben den kleinen Betrieben viele große. Diese stellen den größten Teil unseres Essens her.

Und wie wird das gemacht?

MILCH
vom Bauernhof

Weide

Mütter der Kälber

Kälber

Bürste

Stall

Melker

Milchleitung

Milchtank

Melkmaschine

Landwirtin

Melkmaschine

Wohnhaus

Milchautomat

Frische Milch

Milchlaster

MILCH
vom Milchbetrieb

Büro

Milchtankstelle

Stall

Landwirt

Melkkarussell

Gülleschieber

Melkerin

Bürste

Milchtank

Abkalbstall

Futterwagen

Futter

Biogasanlage

MILCH Bauernhof

Eine Kuh gibt nur Milch, wenn sie vorher ein Kalb bekommen hat.

Mit dem Samen von einem Bullen wird sie geschwängert. Die ersten Liter ihrer Milch bekommt das Kalb. Danach wird sie gemolken.

Im Sommer stehen die Kühe auf der Weide. Zum Melken kommen sie in den Stall.

Eine Zweinutzungskuh wird gezüchtet um gemolken und gegessen zu werden.

Sie wird ungefähr 10 Jahre alt.

Sie gibt ca. 20 Liter Milch am Tag.

Manche Kühe dürfen ihre Hörner behalten.

Die Kuh wird zweimal am Tag gemolken, morgens und abends.

Milchleitung

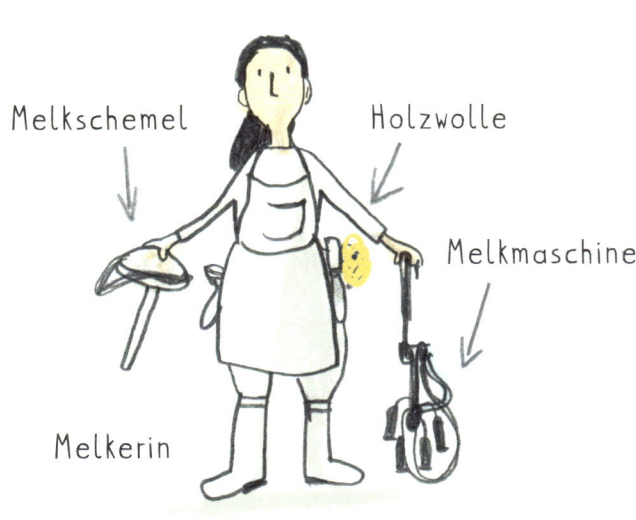

Melkschemel

Holzwolle

Melkmaschine

Melkerin

Melkmaschine

Mit der Melkmaschine wird die Milch aus dem Euter gesaugt und in den Tank geleitet.

Euter

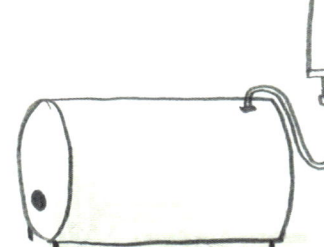

Zuerst reinigt die Melkerin das Euter mit Holzwolle, dann prüft sie die Milch. Hat sie die richtige Farbe und keine Klumpen, schließt die Melkerin die Melkmaschine an das Euter der Kuh an.

Die meisten Höfe haben heute einen Melk-Roboter, dieser melkt die Kuh automatisch. Das macht weniger Arbeit.

Im Sommer findet die Kuh Futter auf der Weide. Dort muss auch niemand ihren Mist weg machen.

Im Winter steht die Kuh im Stall. Dort bekommt sie Heu, das ist getrocknetes Gras, und oft noch Kraftfutter zu fressen. Der Stall wird täglich ausgemistet.

Die Milch wird im Milchautomat auf dem Hof verkauft, ...

... oder der Tanklaster bringt die Milch, zusammen mit der Milch von anderen Höfen zur Molkerei. Dort wird sie verarbeitet und dann im Supermarkt verkauft.

In einem Milchbetrieb leben sehr viele Kühe.

Damit sie möglichst viel Milch geben, wurden besondere Milchkühe gezüchtet.

Eine Milchkuh gibt Milch.

Ihre Hörner werden entfernt.

Sie hat ein extra großes Euter...

Sie wird ca. 5-7 Jahre alt.

...und gibt ca. 30 Liter Milch am Tag.

Auch eine Milchkuh muss erst schwanger sein und ein Kalb bekommen haben, damit sie gemolken werden kann.

Zweimal täglich geht sie selbstständig in das Melkkarussell.

Das Melkkarussell dreht sich langsam im Kreis.

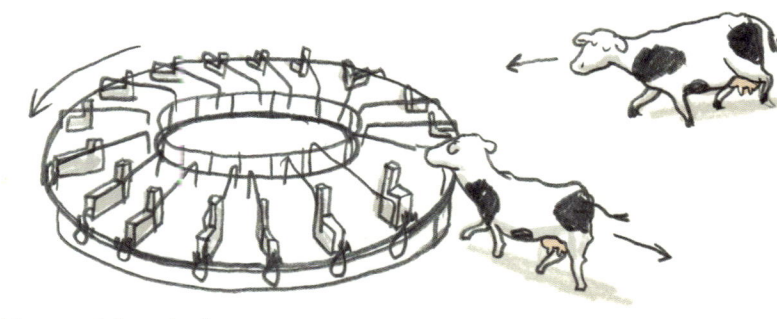

Ein Melker schließt den Melkroboter an.

Ist die Kuh einmal im Kreis gefahren, ist sie fertig gemolken.

Zwischen dem Melken ist die Kuh im Stall. Dort frisst und schläft sie – und macht Mist.

Futterwagen

In jedem Stall: die automatische Kuhbürste.

Die Kuh mag es gern, gebürstet zu werden. Eine zufriedene Kuh wird seltener krank und gibt mehr Milch.

Das Futter bringt der Futterwagen.

Der Gülleschieber schiebt den Mist weg.

Die Gülle wird in der Biogasanlage in Energie für den Hof umgewandelt.

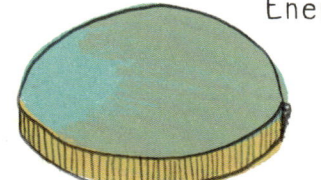 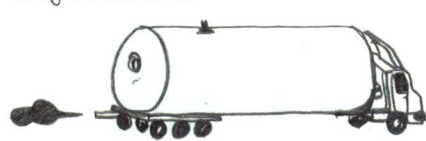   

Tanklaster holen die Milch. In der Molkerei wird sie verarbeitet, verpackt und anschließend in den Supermarkt gebracht.

BROT
aus der Backfabrik

Mehlsilo

Mehl-
lieferung

Mehl-
zufuhr

trockene
Zutaten

Labor

Verwaltung

flüssige
Zutaten

Waage

Knetmaschine

Brötchenpresse

Gärschrank

Bäcker

Spiral-
kühler

Ofen

Packmaschine

Lager

BROT Backstube

In der Backstube wird nachts gebacken.

Für Brot und Brötchen braucht es vor allem Mehl, Wasser, Hefe und Salz.

Wasser

Hefe, Mehl und Salz

Die Zutaten werden tagsüber mit dem LKW zur Backstube gebracht.

Im Knetkessel wird alles automatisch zu einem Teig zusammengeknetet.

Dann wird der Teig geteilt und gewogen.

In jeder Nacht werden viele unterschiedliche Brote, Brötchen und Gebäck geformt und vorbereitet.

Mit der Ausrollmaschine wird der Teig für Croissants ausgerollt.

Die Brötchenpresse formt den Teig zu Brötchen.

Brötchen kommen vor dem Backen in den Gärschrank. Dort ist es warm. Hier hat die Hefe Zeit, den Teig luftig zu machen.

Im Ofen ist es heiß. Dort wird gebacken.

Das was fertig gebacken ist, kommt aus dem Ofen und kühlt ab.

Die Brötchen werden anschließend in Körben und auf Tabletts in den Laden gebracht.

Wenn der Laden der Bäckerei öffnet, sind die Regale voll mit Brot, Brötchen und süßen Sachen.

Und Leute kommen zu Fuß, mit dem Rad oder dem Auto, um etwas zu kaufen.

Backfabrik BROT

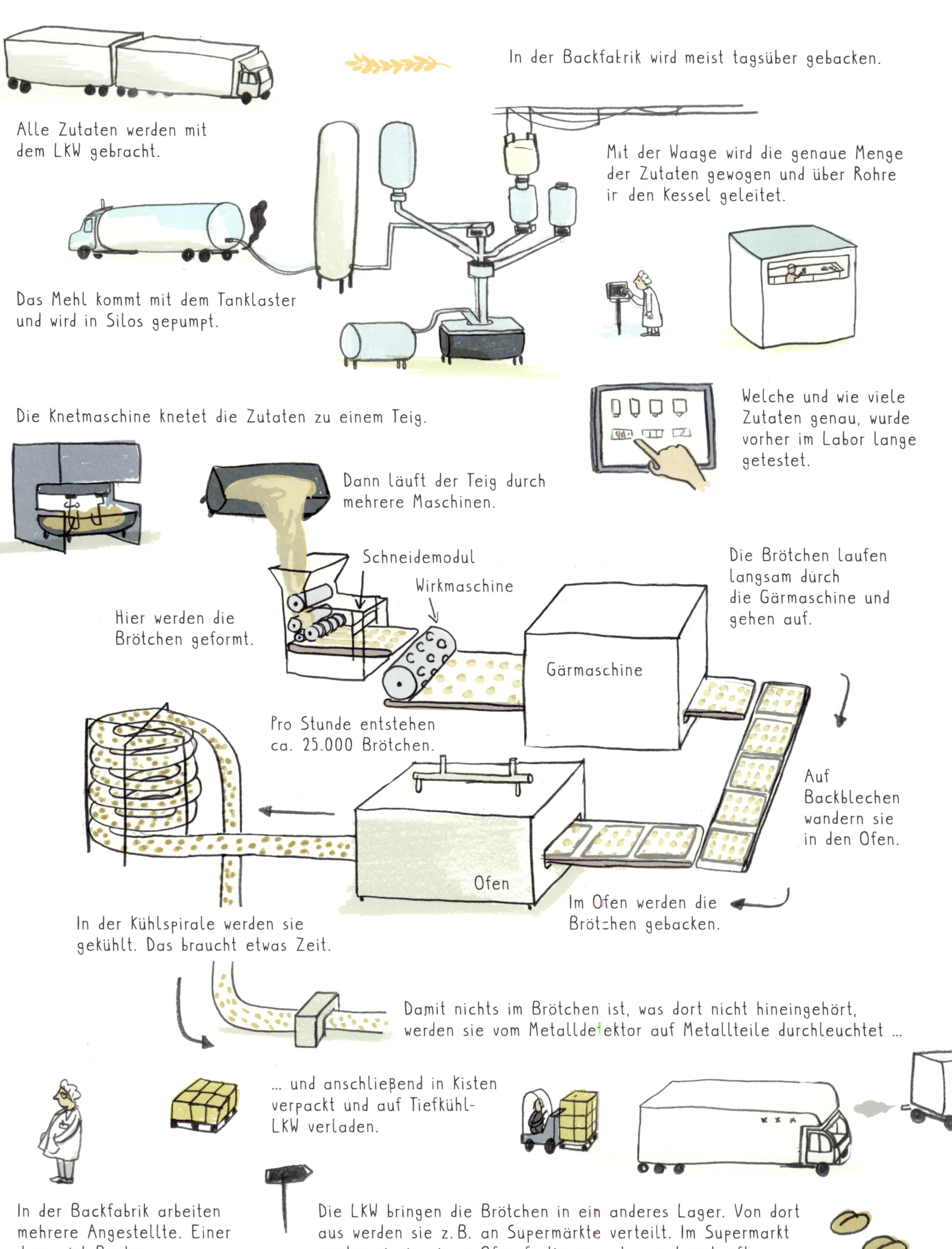

In der Backfabrik wird meist tagsüber gebacken.

Alle Zutaten werden mit dem LKW gebracht.

Das Mehl kommt mit dem Tanklaster und wird in Silos gepumpt.

Mit der Waage wird die genaue Menge der Zutaten gewogen und über Rohre in den Kessel geleitet.

Die Knetmaschine knetet die Zutaten zu einem Teig.

Welche und wie viele Zutaten genau, wurde vorher im Labor lange getestet.

Dann läuft der Teig durch mehrere Maschinen.

Schneidemodul

Wirkmaschine

Hier werden die Brötchen geformt.

Die Brötchen laufen langsam durch die Gärmaschine und gehen auf.

Gärmaschine

Pro Stunde entstehen ca. 25.000 Brötchen.

Auf Backblechen wandern sie in den Ofen.

Ofen

In der Kühlspirale werden sie gekühlt. Das braucht etwas Zeit.

Im Ofen werden die Brötchen gebacken.

Damit nichts im Brötchen ist, was dort nicht hineingehört, werden sie vom Metalldetektor auf Metallteile durchleuchtet ...

... und anschließend in Kisten verpackt und auf Tiefkühl-LKW verladen.

In der Backfabrik arbeiten mehrere Angestellte. Einer davon ist Bäcker.

Die LKW bringen die Brötchen in ein anderes Lager. Von dort aus werden sie z. B. an Supermärkte verteilt. Im Supermarkt werden sie in einem Ofen fertig gebacken und verkauft.

FISCH

vom Fischerboot gefangen

Luke

Luke

Lade-
raum

Scherbrett

Meer

Schleppnetz

Fisch

Fang

FISCH
von der Fischfarm

Versorgungsschiff

Transportschiff

Futterschlauch

Luftzufuhr

Pflegeschiff

Boje

Reinigungsroboter

Schwimmring

Meer

Netz

FISCH Fischerboot

 Im Meer legen Fische Eier.  Aus den kleinen Eiern werden größere Fische.

 Die meisten Fische, die von uns gegessen werden, sind schon ein paar Jahre alt und haben selbst schon viel Fisch gegessen, um groß zu werden. Denn Fisch isst Fisch, um zu wachsen.

Mit dem Netz wird der Fisch gefangen. Das Netz von einem kleinen Fischkutter ist ungefähr so lang wie sechs Passagierflugzeuge (ca. 6 x 60 Meter) hintereinander.

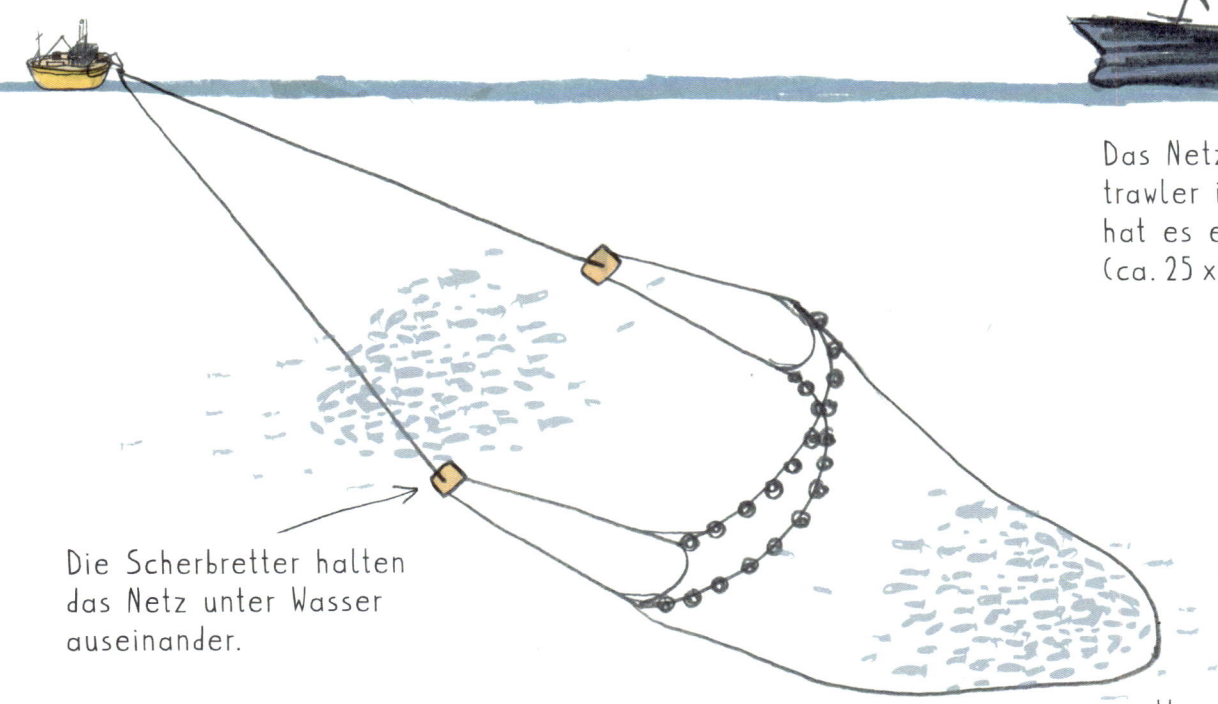

Das Netz von einem großen Hochseetrawler ist noch viel größer. Meist hat es eine Länge von 25 Flugzeugen (ca. 25 x 60 Meter).

Das Netz fängt viel Fisch, auch welchen, der nicht gegessen wird. Das nennt sich Beifang. Diese Tiere werden oft tot zurück ins Meer geworfen.

Die Scherbretter halten das Netz unter Wasser auseinander.

Ist Fisch ins Netz gegangen, wird es zurück an Bord gezogen.

Über der Luke wird das Netz geöffnet.

Wer zu klein ist, rutscht durchs Netz und bleibt im Wasser.

Unter Deck wird der Fisch sortiert und gelagert.

Fisch wird nicht nur bei gutem Wetter gefangen und es kann lange dauern, bis ein Schwarm ins Netz geht.

Zurück an Land wird der Fisch verkauft und verpackt.

Dann wird er verladen und zu Supermärkten gebracht.

  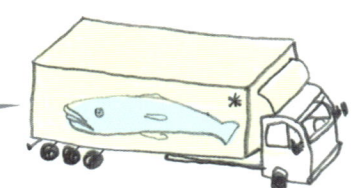

Fischfarm-Fische werden im Becken geboren. Dort werden sie geimpft, damit sie später nicht krank werden.

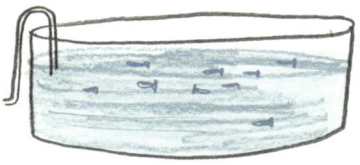  

Fischfarm-Fische wachsen schneller, ...

werden dicker ...

und sind langsamer ...

Sind sie groß genug, werden sie in die Fischfarm im Meer gebracht.

... als ihre Artgenossen im Meer.

Damit Fische in der Fischfarm wachsen, wird viel getan. Sie machen das nicht von selbst wie im Meer.

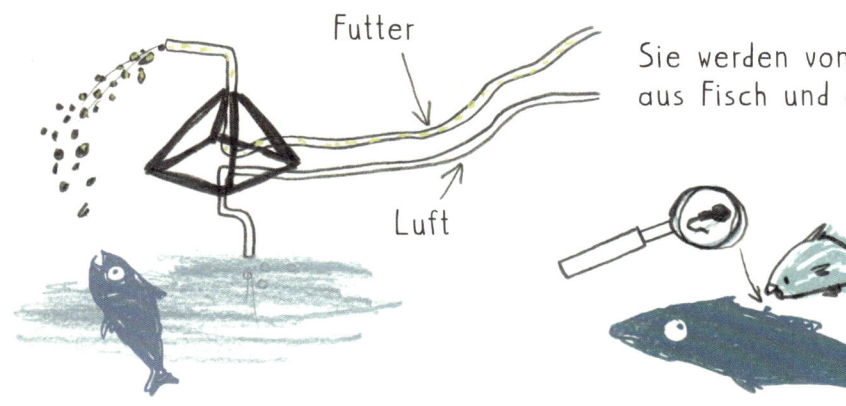

Futter

Luft

Sie werden von einer Maschine mit Futter aus Fisch und extra Luft gefüttert.

Oft haben die Fische Läuse. Läuse sind nicht gut, denn sie fressen Löcher in den Fisch. Darum züchtet man einen weiteren Fisch, der die Läuse frisst. Er wird mit ins Netz gesetzt.

Fische müssen sehr viel mehr Kilogramm Fisch essen, als sie selber schwerer werden.

z.B. 4 kg essen = 1 kg zunehmen

Das ist sehr teuer. Darum versucht man, den Fisch auch an vegetarisches Essen zu gewöhnen.

Mit Kameras und Computern prüft man, wie es den Fischen geht.

Regelmäßig kommt ein Schiff mit einem Roboter, der das Netz putzt.

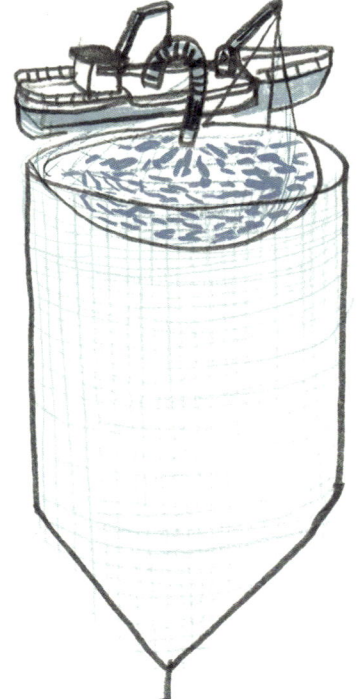

Ist der Fisch groß genug gewachsen, wird er vor einem Boot abgeholt.

Mit einem Schlauch werden sie lebendig an Bord gesaugt und in den Hafen gefahren.

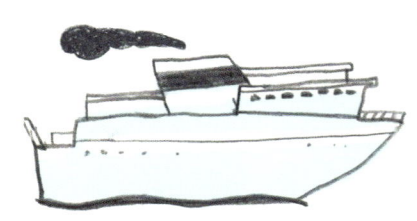

Im Hafen wird der Fisch zerteilt, verarbeitet, verpackt, tiefgefroren und dann weitertransportiert.

LKW bringen den Fisch in die Supermärkte. Dort wird er verkauft.

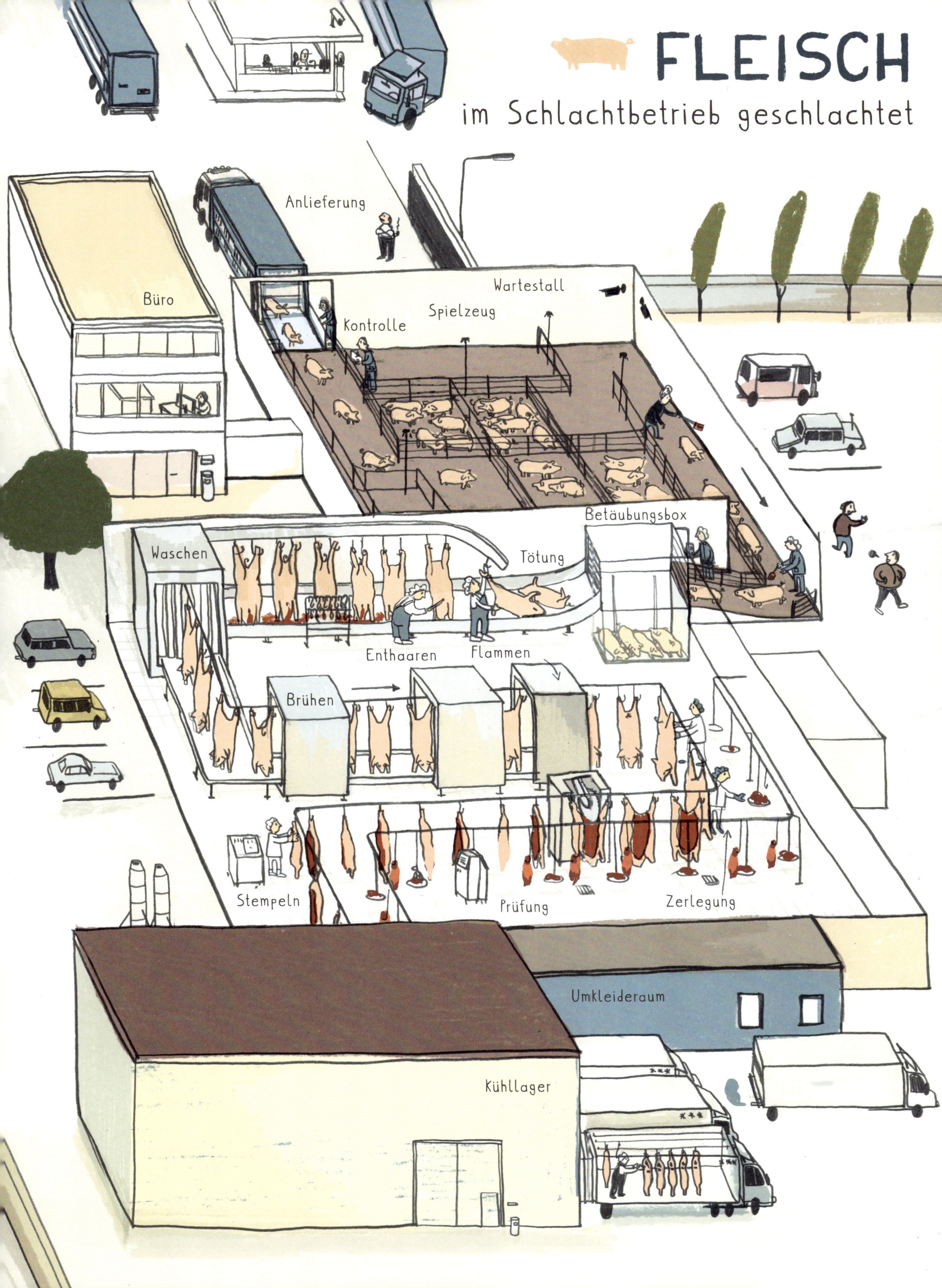

FLEISCH Hof

Für Wurst, Schnitzel oder Grillfleisch müssen Tiere geschlachtet werden. Zum Beispiel Schweine.

Schweine werden gezüchtet.

— Samen

Dafür wird die Muttersau mit dem Samen von einem Eber befruchtet.

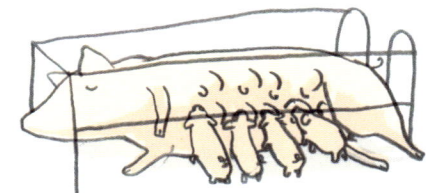

Sind die Ferkel 5 Wochen alt und 30–40 kg schwer, kommen sie in den Maststall.

Schweine sind sehr ordentliche Tiere. Sie brauchen die Ordnung, um sich wohlzufühlen.

Schlafen   Spielzeug

Toilette

Im Stall gibt es einen Bereich für die Toilette, in der Mitte den Schlafplatz und daneben Futter und Wasser.

Essen

Die Schweine fressen Gras, Heu und gemahlenes Getreide. Stroh ist zum Spielen und Schlafen da.

Sind sie groß genug, werden mehrere Schweine gleichzeitig zur Schlachterei gebracht. Ist die Schlachterei auf dem gleichen Hof, fahren die Schweine nicht lang.

Bevor das Schwein getötet wird, muss es betäubt werden.

Mit einer Zange am Kopf wird Strom durch den Körper geleitet.

1

PIEP.

2

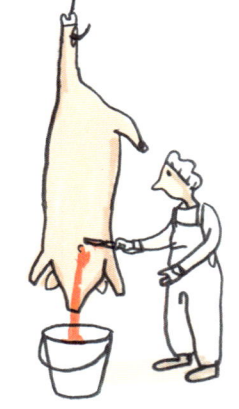

3

Jetzt geht alles ganz schnell. Das Tier wird in den Hals gestochen. Es verblutet und ist tot.

In heißem Wasser wird es gebrüht. So werden die meisten Haare entfernt.

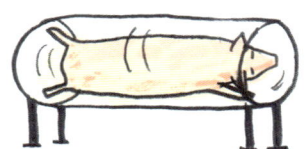

4

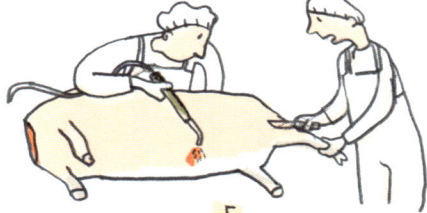

5

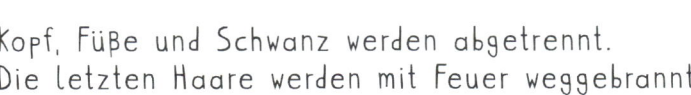

Kopf, Füße und Schwanz werden abgetrennt. Die letzten Haare werden mit Feuer weggebrannt.

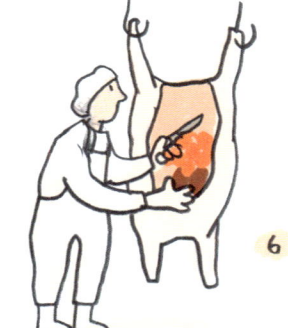

6

Danach wird der Körper geöffnet und die Innereien werden heraus genommen.

Mit einer Säge wird der Körper zerteilt.

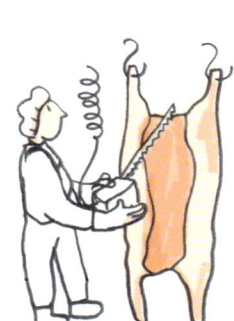

In der Metzgerei wird alles weiterverarbeitet.

Die Tierärztin untersucht das Gehirn und die Innereien. Ist alles gesund, kommen Fleisch und Innereien in die Metzgerei.

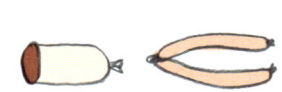

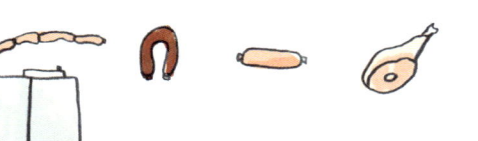

In der Fleischerei wird das Schwein als Wurst und Fleisch verkauft.

Schlachtbetrieb FLEISCH

Schweine, die in einem Schlachtbetrieb geschlachtet werden, kommen aus kleinen und großen Ställen.

Sind sie groß genug, werden sie mit dem LKW abgeholt.

Eine Marke am Ohr verrät, woher jedes Schwein kommt.

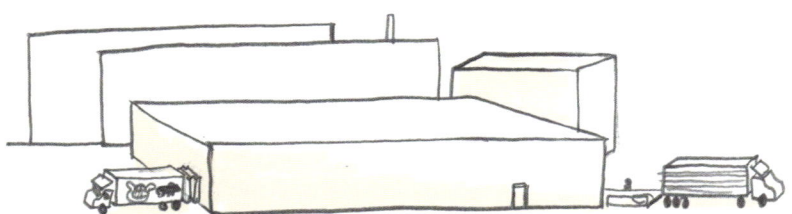

Auf dem Schlachthof kommen die Tiere aus dem LKW in den Wartestall. Wasser, Spielzeug oder Musik soll helfen, die Schweine zu beruhigen.

Eine Gruppe nach der anderen kommt durch mehrere Maschinen. Erst werden die Schweine betäubt. Sie fahren mit einem Aufzug in einen See aus CO_2.

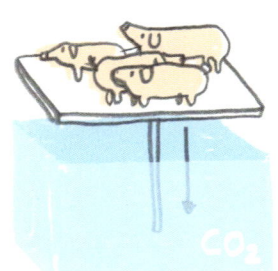

Jedem Tier wird in den Hals gestochen, damit es viel Blut verliert und stirbt.

Am Tag werden in Deutschland ca. 160.000 Schweine geschlachtet.

Der Bauch wird geöffnet und die Innereien herausgenommen. Eine Säge zerteilt Körper und Kopf in zwei Hälften.

Sie werden gewaschen und enthaart.

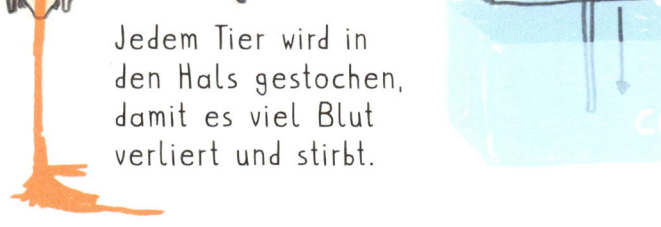

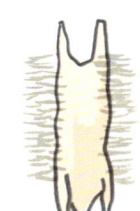

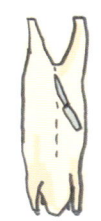

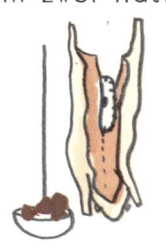
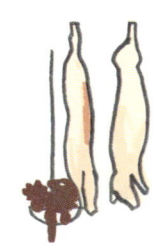

Die Innereien werden in eine Schüssel gelegt. An ihnen wird geprüft, ob das Fleisch gesund ist.

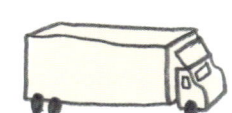

Die Schweinehälften und alle anderen Teile werden weiterverkauft und in den nächsten Betrieb gefahren, …

…dort werden sie weiterverarbeitet, …

Waschmittel, Weichspüler

…verpackt und im Supermarkt verkauft – und danach gegrillt, gebacken, gebraten und gegessen.

Füße, Nasen…

Die Teile vom Schwein, die wir nicht essen, werden in andere Länder verkauft. Oder sie werden für die Herstellung von Medikamenten, Waschmittel, Weichspüler, Gummibärchen oder Zahnpasta verwendet.

APFEL Streuobstwiese

Im Frühling blühen die Obstbäume.

Aus der Blüte wird ein Apfel, wenn sie von Bienen bestäubt wird.

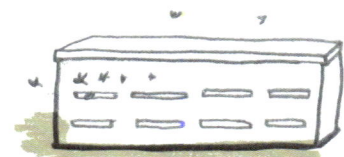

Auf einer Streuobstwiese stehen Apfelbäume mit unterschiedlichem Alter und unterschiedlichen Apfelsorten. Äpfel vom Streuobstanbau gibt es nur sehr selten.

Wenn gerade kein Obstbaum blüht, findet die Biene im Blühstreifen Nektar.

Zwischen den Obstbäumen haben viele Tiere ihr Zuhause: Schädlinge und Nützlinge.

Sonne macht die Äpfel süßer.

Alle Äpfel werden mit der Hand gepflückt.

Ein großer Apfelbaum hat viele Blätter, sie schützen die Äpfel vor Hagel und Sonnenbrand und sind beim Ernten im Weg.

Würmer im Apfel sind Schädlinge und nicht erwünscht.

Schädlinge werden mit Duftstoffen angelockt und gefangen.

Mäh.

Außerdem werden Nützlinge ausgesetzt. Sie legen ihre Eier in den Eiern der Schädlinge. So sterben die Eier der Schädlinge.

Die Schafe mähen das Gras und düngen dabei den Boden.

Würmer im Boden sind wichtig und erwünscht.

Äpfel sind sehr empfindlich und müssen vorsichtig behandelt werden.

Pflücktasche

Aus der Pflücktasche rollen die Äpfel langsam und vorsichtig in Kisten. So bekommen sie keine Druckstellen.

Die Kisten kommen in ein kühles Lager. Dort halten sie sich lange frisch und man kann das ganze Jahr über Äpfel essen.

Äpfel mit braunen Stellen und ungewohnter Form werden zu Apfelsaft gepresst.

Äpfel und Apfelsaft werden im Hofladen und auf dem Markt verkauft.

Apfelplantage APFEL

Blühen die Apfelbäume auf einer Apfelplantage, werden für kurze Zeit ganz viele Bienen benötigt.

Dafür werden Wanderbienen bestellt. Sie bestäuben die Blüten. Danach werden sie zu anderen blühenden Obstbäumen gefahren.

Damit viele schöne Äpfel wachsen können, muss viel gemacht werden.

 Netze schützen vor Hagel.

Damit jeder Apfel genug Platz zum Wachsen hat, werden Blüten abgepflückt.

Besprühen der Blüten mit Wasser schützt vor Frost.

Gegen Schädlinge, und damit die Pflanze besser wächst, werden Pflanzenschutzmittel gesprüht,

Duftstoffe ausgehängt,

Die Bäume werden so beschnitten, dass Blätter die Äpfel vor Sonnenbrand schützen.

oder Nützlinge ausgesetzt, z. B. Schlupfwespen.

Auch auf einer großen Plantage werden alle Äpfel mit der Hand gepflückt.

An den kleinen Bäumen sind alle Äpfel schnell und gut erreichbar.

Zum Pflücken der Äpfel werden viele Leute gleichzeitig gebraucht. Darum kommen zur Erntezeit Saisonarbeiter.

In den Kisten werden die Äpfel zur Sortieranlage gebracht.

Mit Kameras und am Computer werden die Äpfel automatisch nach Fehlern abgesucht ...

Der Supermarkt kauft und verkauft nur schöne Äpfel.

... und nach Größe sortiert.

Im LKW werden die Äpfel zum Supermarkt gebracht oder an einen anderen Ort, an dem sie zu Apfelsaft, Apfelmus und anderem weiterverarbeitet werden.

EI
vom Bauernhof

Getreidefeld

Obstbäume

Gemüse

Wohnhaus

Schlachtung

Verkauf

Gänse

Schweinestall

Futtersilo

Lüftung

Trinken

Futter

Mist

Hühnerstall

Legenester

Futtermaschine

Wintergarten

Eiersortieranlage

Bauer

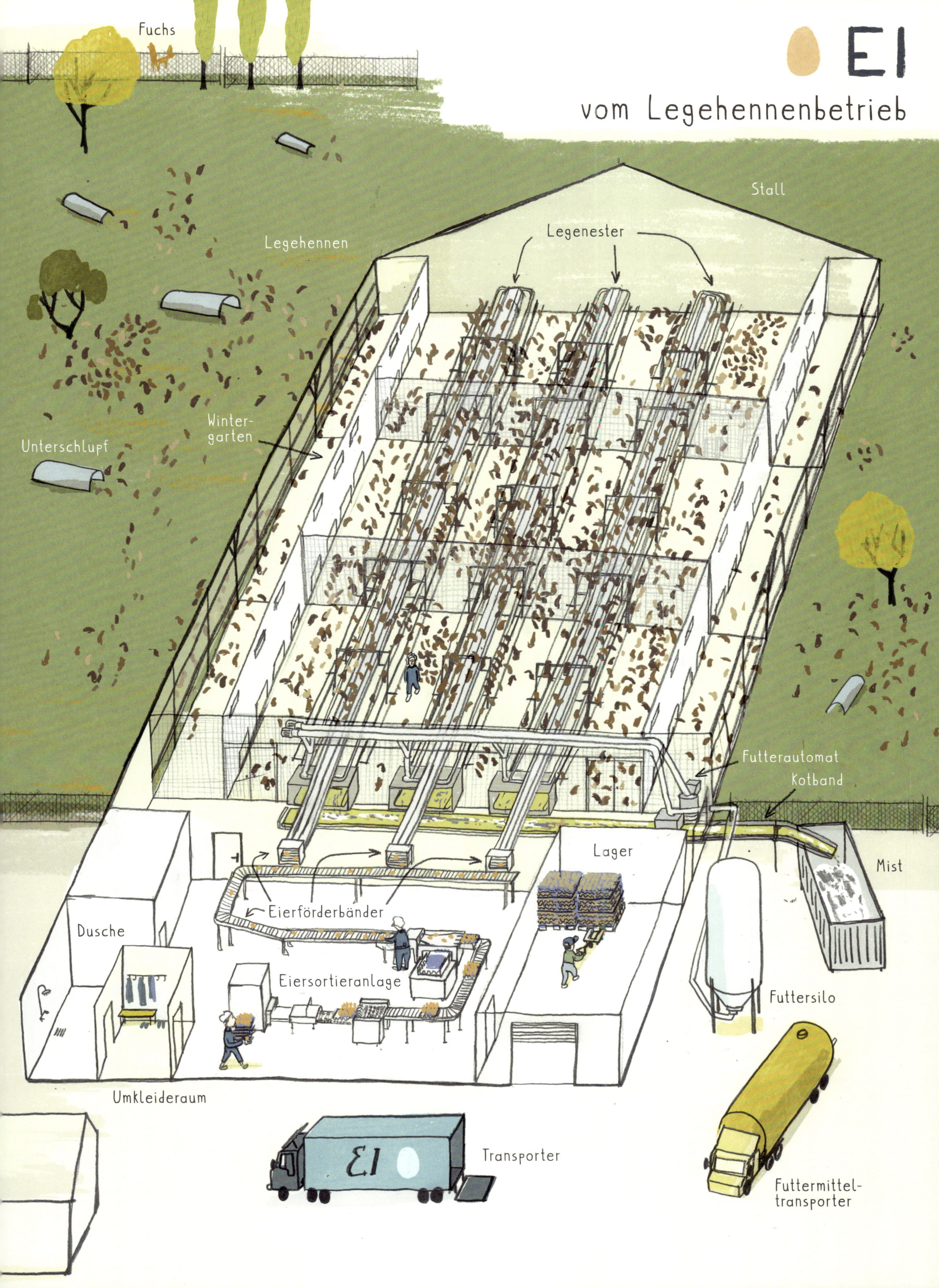

EI Bauernhof

 Hennen legen Eier. Wenn sie vom Hahn befruchtet und von der Henne ausgebrütet werden, schlüpft ein Küken.

 Ohne Hahn legen Hennen trotzdem Eier.

 Es gilt: weiße Hühner legen weiße Eier, braune Hühner braune.

Wer ganz sicher gehen möchte, schaut auf die Farbe der Ohrläppchen.

 Im Tiertransporter kommen die Junghennen auf den Bauernhof. Diese Hennen legen bald jeden Tag ein Ei.

braune Eier

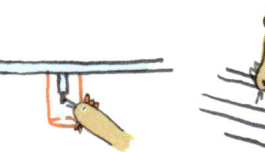 Futter und Wasser bekommen die Hennen im Stall von automatischen Anlagen.

 Das Licht im Stall steuert den Tag-Nacht-Rhythmus der Hennen. Wird es eingeschaltet, beginnen die Hennen mit dem Eierlegen. Wird es ausgeschaltet, gehen sie schlafen.

Zum Schlafen flattern Hühner auf die höchsten Plätze die sie finden. In der Natur wären das zum Beispiel Bäume.

Legehenne

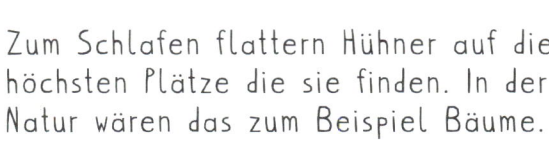 Im Stall gibt es stattdessen Sitzstangen.

Hennen legen ihre Eier immer an geschützten Stellen.

Der Kot der Hennen fällt unter die Sitzstangen und wird dort gesammelt. So bleibt der Stall sauber.

Damit sie die Eier nur in die Legenester legen, ist es dort dunkler und der Rest des Stalls beleuchtet.

 Auf dem Boden und im Wintergarten können sie sandbaden und scharren.

 Ein Förderband transportiert die Eier in die Eier-sortieranlage.

Mit 13 Monaten legen die Hennen immer weniger Eier.

Im Eierkarton oder einzeln...

Um wieder mehr Eier zu legen, müssten sie durch die Mauser. Das dauert mehrere Wochen. In dieser Zeit verlieren sie alle Federn und legen keine Eier, darum werden sie meist vorher geschlachtet und verkauft.

 ... werden sie täglich im Hofladen verkauft.

 Dann kommen wieder neue Junghennen auf den Hof.

Nudeln   Soßen   Kekse   Kuchen

Eier werden in vielen verschiedenen Lebensmitteln verarbeitet, zum Beispiel Kuchen, Nudelr, Saucen oder Kekse. Dafür müssen ganz viele Hennen ganz viele Eier legen.

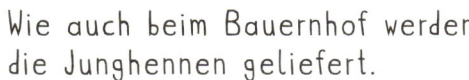

Wie auch beim Bauernhof werden die Junghennen geliefert.

Sie sind alle ungefähr 4 Monate alt und kommen in Kisten aus dem Aufzuchtstall.

Geliefert werden nur die Hennen, weil sie die Eier legen. Hähne werden in der Brüterei als Ei aussortiert oder als Küken getötet.

Es gibt unterschiedliche Möglichkeiten, Hennen zum Eierlegen zu halten:

In Käfigen (nur noch selten):

Im Stall:

Im Stall mit Auslauf draußen:

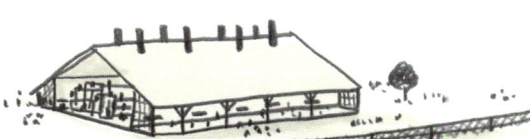

Biologisch:

Biohühner haben zum Beispiel mehr Platz im Stall und immer Auslauf. Außerdem bekommen sie Biofutter aus der Umgebung.

Viele Betriebe haben mehrere Ställe. In manchen Betrieben legen 12.000, in anderen 200.000 Hennen jeden Tag ein Ei.

Wenn nur eine einzige Henne krank wird, müssen alle Hennen Medikamente bekommen.

Darum wird im Stall immer Schutzkleidung getragen.

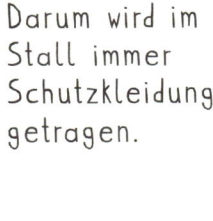 

Futter kommt mit dem Förderband

das Kotband transportiert den Kot weg

Wasser

Eierband

auf den Lege-nestern werden von 7 bis 10 Uhr Eier gelegt

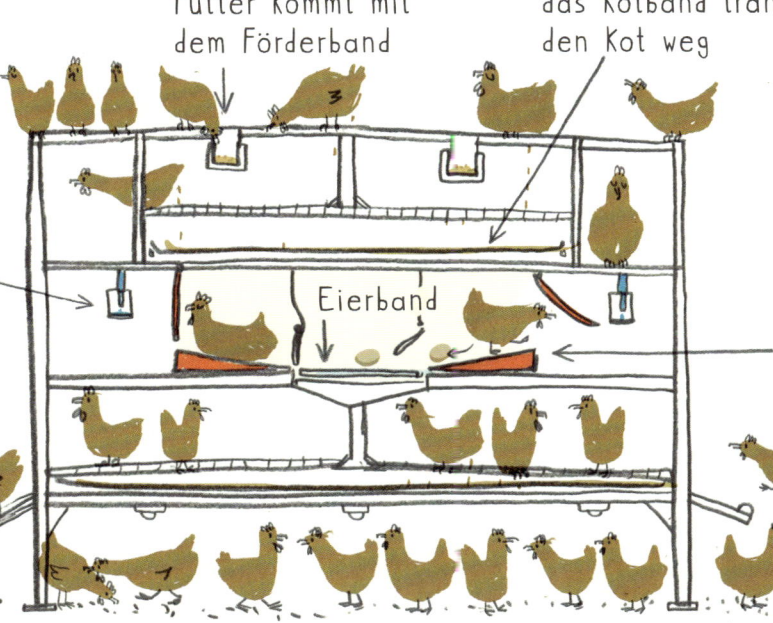

Das Eierband transportiert die Eier in die Sortieranlage. Dort bekommt jedes Ei einen Code aufgestempelt.

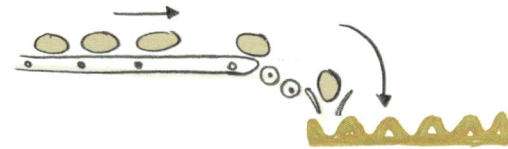  

Dann werden die Eier mit dem LKW abgeholt, in Eierkartons verpackt und im Supermarkt verkauft.

Mit ca. 13 Monaten werden alle Hennen abgeholt und geschlachtet. Sie werden als Suppenhuhn verkauft. Manche Fleischteile werden zu Hühnerbrühe oder Tierfutter verarbeitet, manche in andere Länder verschifft.

TOMATE

vom Gemüsehof

Hühnerstall

Kompost

Verkauf

Lager

Waff

Gemüse

Folientunnel

Tomatenhaken

Schnur

geerntete Tomaten

Stroh gegen Unkraut

Biene

Bewässerung

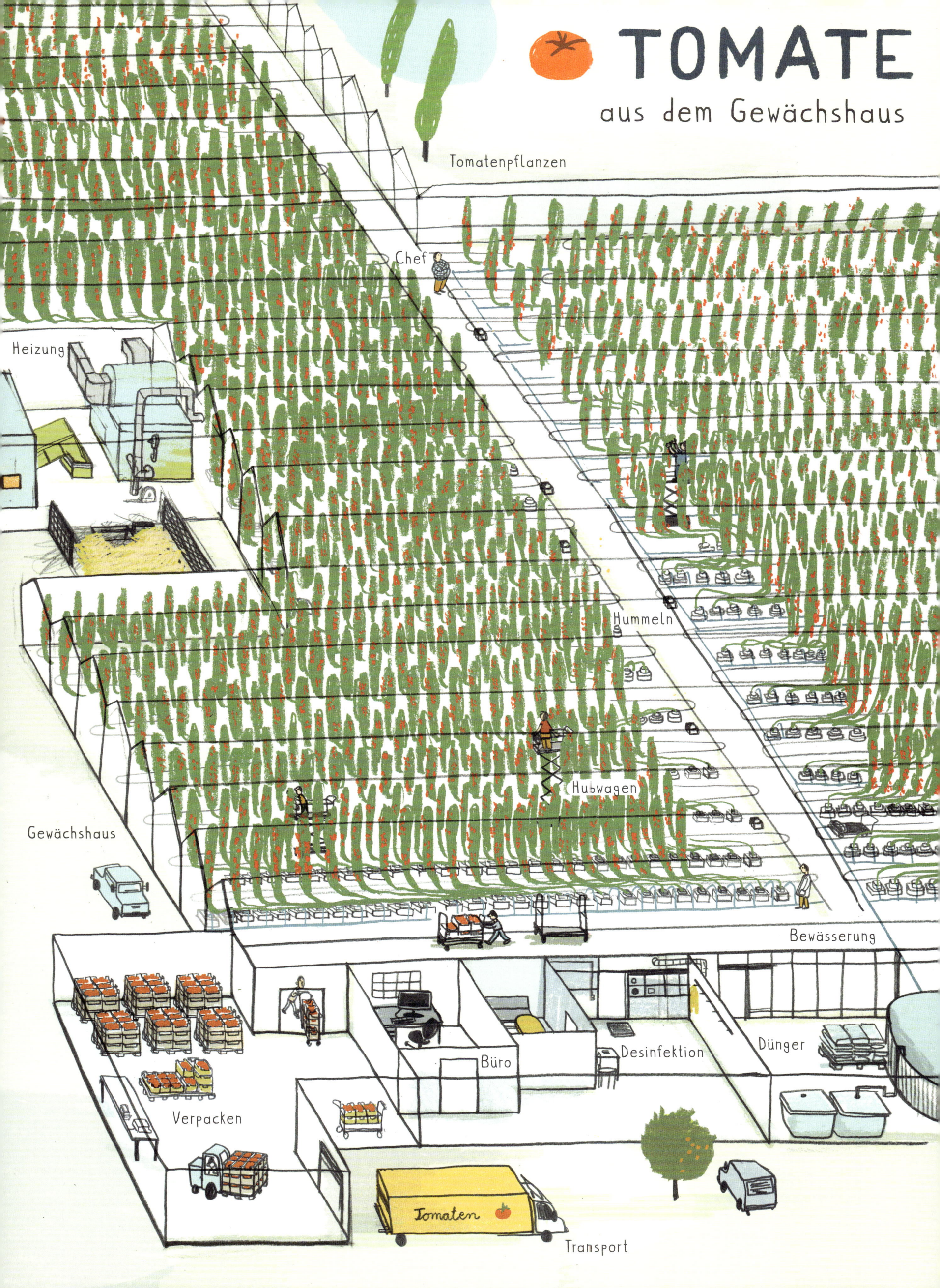

TOMATE
aus dem Gewächshaus

Tomatenpflanzen

Chef

Heizung

Hummeln

Hubwagen

Gewächshaus

Bewässerung

Büro

Desinfektion

Dünger

Verpacken

Tomaten

Transport

TOMATE Gemüsehof

Aus einem einzigen Samen einer Tomate kann eine neue Tomatenpflanze wachsen.

Die Pflanze bekommt Blüten.

Tomaten sind Selbstbestäuber. Zum Befruchten der Blüten genügt es, dass etwas an ihnen schüttelt. Das kann ein Insekt sein, aber auch der Wind.

Dann wächst aus den Blüten eine Tomate.

Es gibt viele unterschiedliche Tomaten.

Alle brauchen viel Sonne, Wärme und wenig Regen.

In kälteren Ländern wird sich besonders um die Tomatenpflanzen gekümmert, damit sie gut wachsen.

Die ersten kleinen Pflanzen wachsen im März an einem Ort mit Heizung.

Sind die Pflanzen ungefähr 15 Zentimeter groß, werden sie in die Erde gesetzt:

in einen Folientunnel

Gute Erde ist für die Pflanzen wichtig. Diese wird im Herbst vorbereitet.

2-3 Meter hoch

oder in ein Gewächshaus.

Die Sonne funktioniert dabei wie eine Heizung, sie erwärmt die Luft.

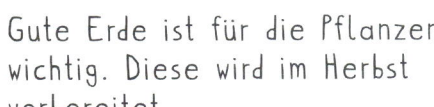

Kompost und Hühnerkot werden unter die Erde gemischt. Sie enthalten viele Nährstoffe, die für die Pflanzen wichtig sind.

Auch in der Nacht bleibt es darin wärmer als draußen.

Die Schnur hilft beim Wachsen in die Höhe.

Tomatenpflanzen mögen kein Wasser von oben. Und auch nicht zu viel davon.

Wasser bekommen sie aus dem Tröpfchenschlauch.

Der Gemüsebauer erntet mit der Schere. Je nach Wetter gibt es 3 Monate lang Tomaten, von Juli bis September.

Die Tomaten werden im Hofladen oder auf dem Wochenmarkt verkauft.

Gewächshaus **TOMATE**

Das Gewächshaus bekommt im Februar viele junge Tomatenpflanzen geliefert.

Spezial Gewächshaus-Tomatenpflanzen...

werden besonders groß, ...

ca. 12-18 Meter lang, ...

sie tragen 8 Monate Tomaten, ...

und wachsen in einer kleinen Packung Steinwolle, oder Kokosfaser, anstatt in Erde.

Hummeln bestäuben die Blüten, sie werden in Kisten geliefert. Denn im Gewächshaus weht kein Wind.

 1 Königin und 150 Hummeln

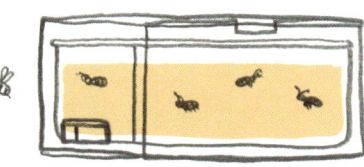

Hummelkiste

Im Gewächshaus wachsen Tomatenpflanzen unabhängig vom Wetter.

Tomaten werden ab April mit der Hand geerntet ...

... und die unteren Blätter werden entfernt.

Die Tomate wächst schnell. Die Rankhilfe wird einmal in der Woche um 10 Zentimeter versetzt.

Damit die Tomaten auch wachsen, wenn es draußen schneit, ist das Gewächshaus beheizt.

Die Menge von Wasser, Nährstoffen, Lüftung und Heizung wird mit dem Computer gesteuert.

Wasserzufuhr

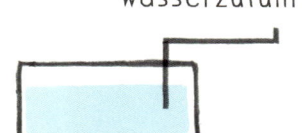

Mit dem Wagen kommen die Tomaten ins Lager. Dort werden sie sortiert und auf den LKW verladen.

Mit dem Transporter kommen sie in den Supermarkt.

Ketchup, Tomatensauce und Tomatenmark bestehen auch aus Tomaten. Diese Tomaten wachsen in anderen Ländern, in denen sie auch ohne ein beheiztes Gewächshaus wachsen. Meist in China.

Im November werden alle Pflanzen abgeholt und entsorgt. Dann ist das Gewächshaus leer und es wird sauber gemacht.

Im Februar werden neue Tomatenpflanzen geliefert.

WO KOMMT DEIN ESSEN HER?

Such dir Lebensmittel mit ihren Verpackungen zusammen und schau sie dir genau an.

Auf der Milchpackung ist kein Melkroboter zu sehen und auf der Brötchentüte keine Backfabrik. Das Bild auf der Packung verrät nicht, woher das Essen kommt.

Aber da stehen kleingedruckte Texte: Zahlen, Codes, Adressen und Abkürzungen!

Die große Detektivarbeit geht los!

Webseite

Auf der Webseite des Betriebs stehen viele Informationen. Oft auch Bilder, Videos …

Findest du heraus, ob deine Tomaten in Erde oder in Substrat gewachsen sind?

Adresse

Auf dem Etikett steht die Apfelsorte und das Herkunftsland. Und auch eine Adresse.

Wie weit ist dein Apfel gefahren oder geflogen?

QR-Code

Der QR-Code leitet dich weiter zur Website des Produkts.

Kommt der Fisch aus einer Aquakultur oder wurde er im Meer gefangen?

Steht dort der Name des Verladehafens und der Name des Schiffs?

Auf www.marinetraffic.com kannst du nach dem Schiff suchen und es dir ansehen.

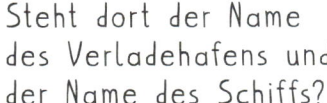
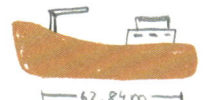
62.84m

Kennzeichen

Buchstaben verraten die Herkunft von Milch, Fisch, Wurst und Fleisch.

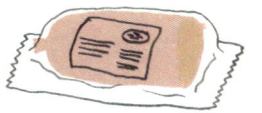

DE
BB - 011
EG

DE – Deutschland
BB – Brandenburg

Was die Buchstaben bedeuten, kannst du auf Wikipedia unter »Genusstauglichkeitskennzeichen« nachsehen.

Findest du heraus, von welchen Höfen deine Milch und dein Fleisch kommen? Und wo diese sind?

Stempel

Beim Ei ist es übersichtlich. Jedes hat einen Stempel mit einem Code.

Entschlüsseln kannst du auf www.was-steht-auf-dem-ei.de.

1 – Haltungsart
DE – Herkunftsland
06 – Bundesland
2345 – Betrieb
1 – Stallnummer

Etikett

Auf der Brötchen-packung steht hier nichts Genaues. Wie ist das bei deinem Brot?

 Es ist nicht immer einfach heraus-zufinden, woher das Essen kommt.

 Hast du es geschafft?

Wenn der Betrieb nicht so weit weg ist, könnt ihr ihn besuchen. Vielleicht gibt es einen Tag der offenen Tür oder es werden sogar Führungen angeboten.

Auch hinter einem Hofladen steckt ein Hof, auf dem man sich umschauen kann.

 Und vielleicht dürft ihr auch mal einen Blick in eine Backstube werfen.

Ganz viel über dein Essen erfährst du auch, wenn du es selbst anpflanzt:

auf dem Balkon im Blumenkasten, auf dem Schulhof in Hochbeeten, im Garten ... oder vielleicht auf einem gemieteten Acker.

Guten Appetit!

DANKE

... an die Betriebe, die ich für dieses Buch besuchen konnte.
Danke für ihre Zeit, die Einblicke und Erläuterungen:

Herrn Prüllage für den Hühnerstallbesuch,
Herrn und Frau Wähnert vom Apfelhof
Wähnert, dem Heumilchhof Pöhl,
der Bäckerei Pawlik in Berlin Pankow,
Herrn Altorfer vom Hof Müselacher (CH),
der Crew der »Annandale« (I), dem Betrieb
Weilepp aus Roldisleben, bei dem ich bei
der Schlachtung von vier Schweinen dabei
sein durfte, dem Herzapfelhof, Herrn Brunen für
die Führung durch seinen großen
Tomatenbetrieb, sowie Frau Welting für die
Organisation des Hühnerstallbesuchs und die
Beratung, außerdem Herrn Dr. Helmut Born.

Ein besonderes Danke geht an Herrn Weber
vom Oberschuirshof, fürs Beraten, Unterstützen
und vor allem fürs Mitdenken sowie der Stiftung
Kulturwerk der VG Bild für die Projektförderung.

Und merci! Katrin und Hans Philipp.

Julia Dürr

hat dieses Buch recherchiert, geschrieben und illustriert.

Sie lebt und arbeitet als Illustratorin in Berlin, zeichnet
auf Papier und am Computer, für Bilderbücher, Romane und
Magazine und erklärt sich und anderen die Welt durch Bilder.

Für »Wo kommt unser Essen her?« fuhr sie durch Deutschland
und füllte Skizzenbücher mit Notizen vor Ort.